MEU AVÔ
E EU

TELMA GUIMARÃES

2ª edição

Quinteto

São Paulo – 2017

# MEU AVÔ E EU

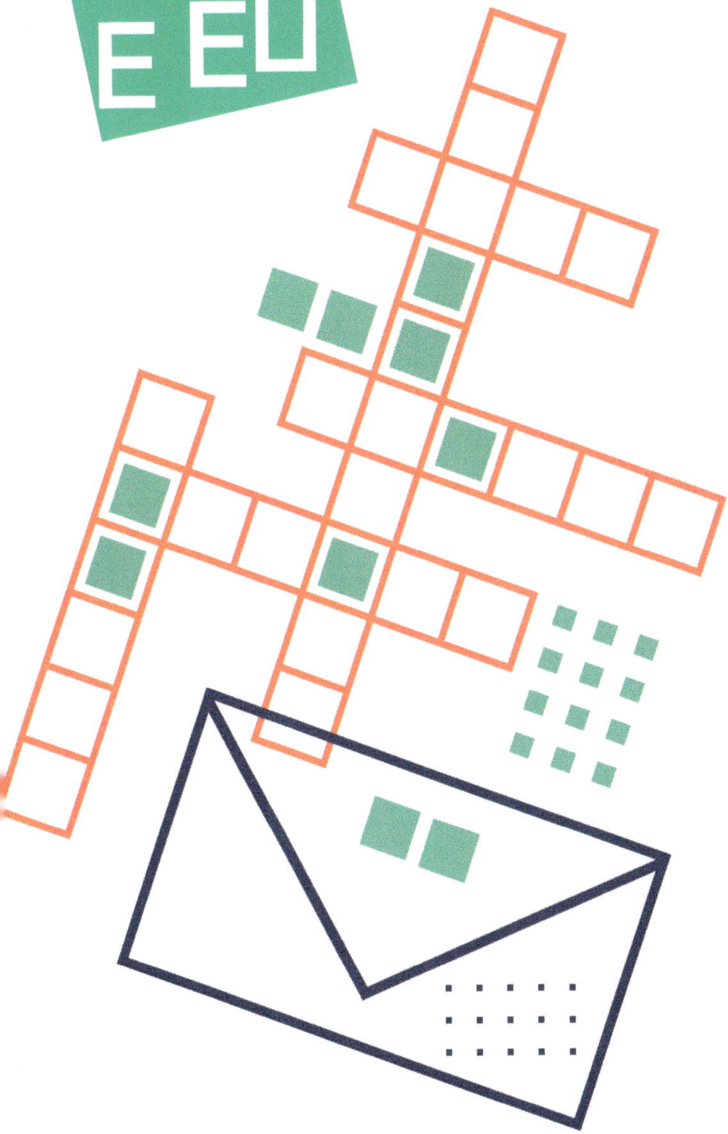

FTD


A Editora Quinteto é um selo da Editora FTD S.A.

**EDITORA FTD S.A.**
Matriz: Rua Rui Barbosa, 156 – Bela Vista – São Paulo – SP
CEP 01326-010 – Tel. (0-XX-11) 3598-6000
Caixa Postal 65149 – CEP da Caixa Postal 01390-970
Internet: www.ftd.com.br
*E-mail*: projetos@ftd.com.br

**Diretora editorial** CECILIANY ALVES
**Gerente editorial** ISABEL LOPES COELHO
**Editora** DÉBORA LIMA
**Editor assistente** ESTEVÃO AZEVEDO
**Supervisora de arte** KARINA MAYUMI AOKI
**Projeto gráfico e diagramação** BLOCO GRÁFICO
**Editoração eletrônica** HEIDY CLEMENTE, PAULO MINUZZO, SHEILA MORAES RIBEIRO
**Ilustrações** DANIEL BUENO
**Diretor de operações e produção gráfica** REGINALDO SOARES DAMASCENO

**Dados Internacionais de Catalogação na Publicação (CIP)**
**(Câmara Brasileira do Livro, SP, Brasil)**

---

Guimarães, Telma
Meu avô e eu / Telma Guimarães . – 2. ed. – São Paulo : FTD, 2018.

ISBN: 978-85-96-02005-3

1. Literatura infantojuvenil I. Título.

18-21036 CDD-028.5

---

**Índices para catálogo sistemático:**
1. Literatura infantojuvenil 028.5
2. Literatura juvenil 028.5

Maria Alice Ferreira – Bibliotecária – CRB-8/7964

*Em memória de Mariazinha e seu marido Antonio Belisário de Souza, que por mais de trinta anos cuidaram com carinho dos velhinhos da Mansão Ismael, que continua ativa, há mais de sessenta anos.*

# APRESENTAÇÃO

Na minha cidade tinha um asilo chamado Mansão Ismael. Eram tantos os velhinhos... Uns, visitados por seus familiares, sorriam sem dentes ou corriam atrás de dentaduras guardadas em copos, debaixo de travesseiros, em armários de banheiros. Outros, esquecidos para sempre, choravam baixinho pelos cantos; outros, fingindo-se "visitados" ainda outro dia, teimavam em contar vantagens.

Os jardins, rosas minúsculas, cores variadas, eram cuidados por alguns dos velhinhos. Sorriam, muito tristes, entre pétalas e espinhos, à espera de um filho, neto, bisneto, vizinho que fosse. Raramente apareciam.

Uma vez, fui visitar um parente. Eu era pequena ainda. Levamos caquis. Ele comeu as frutas, em prantos. Que gosto amargo! Coitado!

Lembrei-me desse velhinho sozinho, perdido nos anos... E comecei a escrever a história.

Joaquim surgiu primeiro. A ideia de criá-lo de bem com a vida me pareceu boa. Para que deixá-lo resmungando?

Depois, apareceu-me o amigo, Horácio, os outros amigos do asilo... O neto, os filhos que nunca aparecem. Aos poucos, a história seguiu sozinha e eu mal conseguia controlar o maluco do Joaquim. Gente, que fôlego!

No final, ele chorou e eu também. Acho que nunca ri e chorei tanto num livro!

Gosto dos velhinhos. Quanta história, quantas coisas para contar e lembrar.

Vamos chegar lá um dia, tomara! E espero que continuemos bem-humorados como Joaquim... E que não estejamos sozinhos.

Telma Guimarães

# A MANSÃO DE JOAQUIM

Mansão Ismael. Um nome pomposo, decerto. Tudo bem se fosse a mansão da família Ismael, o patriarca, conde de anel no dedinho, filho de beltrano, neto de sicrana, mais cheio de títulos ainda. Entretanto, para um asilo era, de fato, muita pretensão.

Afastada da cidade, ela se escondia detrás de um alto portão de ferro batido, sem pintura. Talvez tivesse sido azul-colonial um dia... um dia. Um portão sem grades, com uma pequena janelinha ao meio. Era de lá que o porteiro-guarda-vigia, uma espécie de faz-tudo, olhava quem tocava a campainha.

Construído nos idos de 1930, tivera dias muito melhores. Jardins vistosos, bem tratados, talvez alguns bancos de mármore, uma ou outra estátua ladeando o passeio de pedra portuguesa formando lindos mosaicos a enfeitar o caminho dos visitantes. Infelizmente — talvez a crise — o jardim já não era mais o mesmo. Para falar a verdade, estava bem decadente. Sem nenhum tipo de cerimônia, roseiras conviviam em perfeita harmonia com algumas poucas begônias, gerânios, margaridas, hortênsias, cravos-de-defunto, dálias desfolhadas, espadas-de-são-jorge, ervas daninhas, comigo-ninguém-pode. Alguns bancos ficavam sob árvores ainda frondosas. Neles, podiam-se ainda ler, forçando-se bem a vista, algumas propagandas — provavelmente dos doadores dos bancos de granito agora acinzentados: PHARMÁCIA ISMMAEL, Rua São Bento, 295. Telephone: 2281; ALFAIATARIA PAVARINI — a que melhor veste, Rua Nove de Julho, 543. Telephone: 2221; FUNERÁRIA BOA MORTE — contigo até o fim!, Rua Coronel Justino de Almeida, 945. Telephone: 2298.

Dois bebedouros de passarinhos ficavam no que antes deveria ter sido uma pequena pracinha. Duas pombas de gesso enfeitavam tristemente cada bebedouro. Numa, faltava o pezinho esquerdo; noutra, parte do rabo.

Oito pessoas passeavam pelo jardim. Duas, sendo empurradas por enfermeiros. As outras seis, sentadas nos bancos, tomando o pouco de sol que aparecia-desaparecia de uma grande nuvem.

Não havia nenhum degrau para entrar na Mansão. Térrea, com a pintura gasta pelo tempo, ela mantinha as janelas abertas, protegidas por telas. Uma porta entalhada de madeira trazia uma plaquinha branca: MANSÃO ISMMAEL. Silêncio!

Um saguão amplo com uma bancada onde uma enfermeira-recepcionista cadastrava os internos, vigiava as entradas e saídas de pacientes e visitantes, destoava do lugar. Roupa branca impecável, grandalhona, riso fácil. Decididamente, não combinava com o local de ar abandonado.

Mais à esquerda, alguns sofás e poltronas de couro, já bem ralados, acomodavam alguns visitantes. Parentes dos idosos, certamente. Um deles tinha cara de choro. O mais novo consolava o mais velho que, segurando uma mala bem antiga, fazia sinais negativos com a cabeça. A morte de alguém do asilo, talvez um parente... Quem sabe a sua própria internação e o sentimento de tristeza a lhe encher o coração.

Três orelhões bem modernos ficavam próximos da recepção. Pequenos sinais de modernidade!

Podia-se notar, mesmo sem o uso de óculos, uma plaquinha indicando uma lanchonete no corredor à esquerda e outra, mais além, indicando o refeitório.

Para se chegar aos quartos, passava-se por um corredor comprido. Ao lado do corredor, um jardim. Esse sim, mais bem cuidado, bancos novos, alguns arbustos. Num canto do jardim, numa construção mais recente, um salão de jogos. Seis mesas redondas para carteado, três tabuleiros de damas, quatro de xadrez, algumas poltronas, dois sofás, banquinhos para os pés, televisão e uma vitrola.

Algumas salas antecediam a ala masculina, separada da feminina. A sala do doutor Xavier, os quartos dos enfermeiros, a cozinha, a enfermaria.

Os quartos eram ocupados por duas pessoas. Um criado-mudo para cada cama, dois armários de ferro branco já meio descascados, um banheiro. Em cima da cama, travesseiro e manta xadrez.

Nos criados-mudos, moringa, papel com horário de medicamentos, radinho à pilha. Embaixo dos criados, bem à vista de quem entrasse, dois penicos — ou papagaios —, duas mesinhas dobráveis para servir o almoço — provavelmente de duas pessoas que não podiam se locomover até o refeitório.

No quarto de número três, uma surpresa: um boné pendurado na cabeceira da cama à direita, cinco vasos de violetas de cores variadas no peitoril da janela, dois casacos jogados na cadeira que ladeava a porta de entrada, fotos coladas no espelho de um dos guarda-roupas, um moderno Ipod convivendo com uma antiga moringa de barro sobre o criado-mudo. Atrás do iPod, três livros empilhados, "vivendo" em plena harmonia: *Ginástica para idosos, Os amores de Matilde* e *A Bíblia Sagrada*.

Na cama à esquerda, o de sempre: a manta xadrez e travesseiros. Um par de chinelos de lã e um capacho aveludado ficavam ao lado da cama. No criado-mudo, um pote de porcelana onde se lia "biscoitos".

Uma minuciosa revista pelo quarto mostraria um pequeno baú de madeira entalhada, colocado na segunda prateleira do guarda-roupa. Dentro, um maço de cartas, mais fotos, recortes de jornais, um bloco de papel de carta, canetas, selos.

Um bom observador veria no banheiro um ou outro vidro de loção pós-barba, sabonete de boa qualidade, um roupão de banho listado pendurado atrás da porta. Veria também que este era um quarto diferente, a acomodar dois hóspedes totalmente distintos.

Um dos homens se levantou. Tinha dormido muito. Enquanto se trocava, olhou o amigo na cama ao lado.

"Como gosta de dormir, esse coitado! Imagine só se eu perderia todo esse tempo na cama, virando pra cá e pra lá, perguntando se já está na hora do almoço! Este lugar já é tão chato... Ele deveria pensar em fazer alguma coisa diferente. Esse companheiro de quarto não é nem um pingo criativo!", pensou.

Foi ao banheiro. Olhou-se no espelho.

"Ah, o que a idade não faz!" Fez uma careta no espelho.

Depois de lavar o rosto, escovou os dentes, barbeou-se — como dizia — com um barbeador elétrico "de última geração", penteou o cabelo prateado, fez xixi. Olhou para o outro urinol junto ao bidê. Por ele, jogaria o dito-cujo pela janela, mas, com aquela tela protetora, fazer o quê? Ficassem urinol, papagaio e penico feito troféus ali pelo quarto e banheiro. Nunca os usaria. Estaria morto, enterrado, bem sepultado antes disso.

Foi até o criado-mudo e pegou o iPod que ganhara do neto. Sabia que implicariam com ele, o chamariam de velho assanhado, gagá, maluco. Não tinha a menor importância. Ele não ligava, mesmo.

Antes de acordar o Horácio, molhou as violetas com o urinol repleto de água. Deu risada. Talvez fosse por isso que elas tinham folhas enormes e floresciam o ano todo. Se Horácio visse, ia balançar a cabeça e dizer:

— Você está no lugar errado, Joaquim. Seu lugar é num hospício. Onde já se viu molhar as violetas com o urinol? Está ficando maluco?

Joaquim olhou o relógio. Iriam perder a hora do café. E o café já era tão ruim!

Deu uma chacoalhada no Horácio.

"Velho gagá", pensou.

— Acorda, gagá... Quer perder o nosso café cinco estrelas? — brincou.

Nada.

Joaquim não estranhou o mutismo do companheiro. Ele era assim mesmo. Tinha dia que não acordava antes das dez. Perdia o café e ainda ficava rabugento e mal-humorado.

Horácio deu uma roncada.

— Se quer ficar aí dormindo e roncando feito um velho decrépito, que fique. Tudo bem, eu guardo uma daquelas rosquinhas de leite que você gosta, tá?

Fechou a porta do quarto e se dirigiu ao refeitório.

Desta vez, ia amolar as "meninas", Binoca e Berenice.

# O AMIGO DE QUARTO

Puxou uma cadeira e sentou para o café.

— Então, como passaram a noite? Fizeram algum programa divertido?

— Modere seus modos, Joaquim. Você é assanhado desde que levanta? — Binoca falou entre um gole e outro de chá.

Joaquim se serviu de café. Observou Berenice, que molhava o pão no leite.

"Coisa mais feia!" Franziu as sobrancelhas. "Minha esposa Cecília nunca fez essa porquice. E olha que fomos casados durante quarenta e oito anos."

— Horácio não vem para o café? — Binoca perguntou, fazendo barulho com a boca.

"Dentadura solta", Joaquim concluiu. "Isso afasta qualquer interesse por ela."

— Horácio é um dorminhoco — deu risada, enquanto

embrulhava umas rosquinhas num guardanapo de papel e enfiava no bolso do casaco de lã.

Tinham exatamente meia hora para o café. Depois disso, um retorno para o quarto, operação escovar dentadura, pontes e dentes remanescentes, tomar algumas pílulas, pegar ou trocar algum agasalho e começar o turismo propriamente dito: um passeio pelos jardins maravilhosos, tomando sol. Pegariam um belíssimo bronzeado. Às dez e meia fariam esportes fantásticos: salto em tricô e crochê para as meninas, treinamento básico em colagem na madeira para os meninos. Trocando em miúdos: fazer alguns consertinhos bobos com o nome novo de terapia. Pura enganação. Uma parada no *tour* para um almoço suntuoso. A nutricionista perfeita teria introduzido no cardápio mais um daqueles suflês coloridos, alguns fiapos disfarçados de carne para que os desprovidos de dentes não tivessem nenhuma dificuldade em engolir o suculento manjar. Caldo de feijão enriquecido de fígado, arroz à *la papa*, e *voilà*: gelatina-surpresa de sobremesa. De limão às segundas e quintas, morango às terças, cereja às quartas, framboesa às sextas, uva aos sábados e pudim de pão com calda de uvas-passas (sem sementes) aos domingos.

Essa de uvas-passas sem sementes era recente. Comentava-se que, num desses manjares de leite de coco com calda de ameixas, uma senhora, ainda na flor da idade — provavelmente construíra a Muralha da China —, engasgara com a ameixa e, consequentemente, morrera por asfixia. A partir desse desastroso acidente culinário, o pessoal da cozinha, pressionado pelos médicos, trocava tudo o que pudesse trazer aborrecimentos à Mansão. E frutas com caroços ou pedaços de frango com osso, assim como peixes munidos de espinhos, foram definitivamente abolidos do cardápio.

Uma pausa para escovar os dentes, verdadeiros ou falsos, uma pestana até as 14h30. Outra caminhada — às vezes conduzida pelo doutor Xavier —, um pequeno, rápido e tedioso *check-up*, uma passadinha pela psicóloga, e tcham-tcham-tcham-tcham: um chá acompanhado de bolachas Maria. Novela repetida à tarde, um joguinho, um papo-furado, um papo profundo, uma tentativa de paquera (por que não?) e, finalmente, a ceia. Bem variada, por sinal: canja, sopa de feijão, caldo verde, sopa de batatas, caldo de legumes, sopa de letrinhas (só para os alfabetizados). Uma passada pela sala de tevê até que a novela das oito e meia acabasse. E era só.

Às vezes alguém tocava piano. Normalmente eram músicas tristes. Joaquim não gostava. Aí colocava os seus fones de ouvido e se desligava do mundo.

Joaquim também não gostava da Sabina. Era ela quem interrompia os jogos da tarde para entregar cartas.

O pessoal ficava olhando o relógio. O carteiro passava às três e quinze, três e vinte. Às três e meia, correspondência separada, Sabina entrava no salão e ia entregando aqueles envelopes horríveis.

As mulheres abriam as cartas, mostravam as fotos recebidas, as encomendas enviadas.

Os homens, mais reservados, faziam ar de pouco-caso com as cartas. Assim que entravam nos seus quartos, corriam a abri-las, ávidos por notícias dos filhos, netos, sobrinhos, bisnetos.

Joaquim permanecia sentado, alheio à entrega das cartas. Para ele não vinha quase nada. Uma ou outra da sua filha Antônia, que morava em Atlanta, na Geórgia, Estados Unidos da América. Era casada com um americano e não tinham filhos. Estava lá há mais de vinte anos. Ele compreendia. As cartas demoravam a chegar. As viagens eram caras, mas ela tinha vindo ao Brasil três vezes só para vê-lo. Trouxera um cachecol de lã e chocolates. Mandava cartões-postais de vez em quando e telefonava no seu aniversário e no Natal. Era tudo.

Afonso, o filho mais novo, tinha aparecido umas quatro vezes, escrito cinco, telefonado sete. Joaquim contara nos dedos. Morava a uns cem quilômetros dali. Não era assim tão longe. Ele e a filha pagavam o asilo — sim, porque aquilo não passava de um asilo camuflado de "mansão" — já que ele, com a aposentadoria que recebia, não poderia ficar em lugar algum, a não ser num albergue, se é que ainda existiam.

Sentia falta, sim, era do neto. O Guilherme. Estava fazendo cursinho. Mandava fotos, cartas engraçadas. Mas já há algum tempo Joaquim não recebia nada.

As meninas acabaram o café.

Joaquim levantou-se da cadeira e, antes de amolar o seu amigo "belo adormecido", resolveu respirar um ar puro.

Passou pela Maria, a enfermeira-recepcionista.

— Onde é que o senhor vai, seu Joaquim? — ela perguntou, mais risonha do que brava. — Pelo visto, com essas migalhas de pão no bigode, o senhor não passou pelo quarto para escovar os dentinhos.

— Horário da aeróbica. Você sabe, Maria, tenho de manter a forma, senão não dou conta das meninas à noite! — ele cochichou.

— Hoje o senhor teria o doutor Xavier... Rotina, já sabe.

— Menos mal. Existem outros piores, Maria! — ele tirou as migalhas de pão que estavam no bigode.

— Cadê o seu colega de quarto? — ela quis saber. — Já soube que ele não apareceu para o café!

— Guardei os biscoitos pra ele! O dorminhoco come mais tarde! — Joaquim piscou o olho.

Maria deu risada.

O seu Joaquim era um interno especial.

"Pena que nunca aparece alguém aqui pra lhe fazer uma visita!" — mordeu o lábio de batom cor de vinho.

Joaquim andou pelo parque. Adorava infringir regras. Escovaria a dentadura depois.

Conferiu as "suas" roseiras. Primeiro deu atenção às rosas vermelhas, depois, de igual maneira, às amarelas. Olhou com carinho "suas" begônias. Passou bom tempo espiando o estado das roseiras, os botões por entreabrir e se entristeceu com as margaridas meio murchas.

Conversou com alguns passarinhos, desde os mais simples — pardais — até os mais "sofisticados" — bem-te-vis.

Sentou um pouco no banco, aquele a que chamava "boa morte", e fechou os olhos por uns instantes.

Acordou sobressaltado com um cocô de passarinho bem no meio do nariz.

— Isso é lugar, meu filho? — resmungou, enfiando a mão no bolso para pegar um lenço e limpar a porcaria.

Foi aí que percebeu ter amassado os biscoitos do amigo. "Coitado, vai acordar e não vai ter seu biscoito predileto pra comer!" Joaquim levantou-se do banco.

— Demorou, hein? — Maria observou, assim que ele passou pelo saguão.

— Acho que a aeróbica me deu sono — ele riu.

— Seu Joaquim, espera um pouco. Preciso falar com o senhor...

Joaquim parou para ouvir as confidências daquela que considerava uma "estranha no ninho": simpática, risonha, falante, "quebradeira" de regras, como ele.

Maria contou seus problemas familiares, o caso de uma sobrinha maluca que fugira com o filho da vizinha, entre tantas outras coisas.

Joaquim estranhou tanta confidência. Enquanto ela falava, o pessoal já ia saindo num *tour* pelo jardim, como sempre. Uns pelas próprias pernas, outros em duas rodas.

Notou, de repente, um cochicho aqui, outro acolá.

Deixou Maria falando sozinha e foi para o quarto levar os biscoitos, mais que atrasados, para o café do Horácio.

A porta estava aberta.

"O preguiçoso levantou. Vai ver já está lá no jardim... E eu aqui, preocupado com o biscoito amassado..." Sentou na sua cama.

Resolveu ir ao banheiro. Fechou a porta. Quando saiu, deu de cara com o Vicentino, um dos enfermeiros da ala masculina.

Não gostava do Vicentino. Ele usava o perfume da morte.

Sentiu um arrepio.

Vicentino recolheu o par de chinelos de lã. Abriu o armário da direita e retirou a mala de couro. Colocou-a sobre a cama e foi retirando dos cabides cinco calças de tergal, seis camisas de manga longa, cinco camisetas, dois pulôveres, um abrigo de chuva. Das gavetas, retirou as cuecas de tecido, os pijamas, as meias, os sapatos já gastos. Mais alguns pertences e fecharia a mala.

— Ele tinha pouca coisa, seu Joaquim!

Joaquim apertou os olhos.

— Aonde ele foi? Pra UTI? Foi a angina de novo? Fala, cidadão! Desembucha! Quando eu saí daqui para o café ele estava roncando!

— Calma, seu Joaquim! Eu vim trazer o remédio dele... Ontem ele não tomou. Nem anteontem... Pra falar a verdade, acabo de descobrir todos os comprimidos debaixo do colchão! Quando entrei aqui, ele já estava morto!

— EU FUI O CULPADO! — Joaquim exclamou, desesperado. — EU SEMPRE SACUDIA ESSE VELHO SAFADO! COMO É QUE NÃO NOTEI QUE ELE ESTAVA RONCANDO DIFERENTE? TALVEZ FOSSE UM SINAL! TÁ VENDO AQUI? — ele tirou do bolso o guardanapo com os biscoitos amassados. — É O CAFÉ DELE! ELE NÃO ME AVISOU! ELE SEMPRE FAZ ISSO!

Vicentino segurou os braços de seu Joaquim. Teria de chamar o médico de plantão. Ele estava muito alterado. Achou melhor avisar o filho do seu Joaquim. A família de Horácio já sabia, estavam vindo para a Mansão.

"Os velhinhos eram assim mesmo... Uns vinham e ficavam até morrer feito passarinho, quietos, como esse que tinha acabado de 'puxar o coringão', como entre eles, enfermeiros, comentavam. Era só mais um... Tinha que providenciar o caixão, e talvez aproveitar a roupa do velho. Os familiares nem sempre queriam tudo. Muitas vezes eles deixavam coisas para eles, funcionários. Um amigo seu ficara rico. O velho, de raiva da família, deixara boa quantidade de dólares para o enfermeiro que lia trechos da Bíblia para ele antes de dormir. Quem sabe esse deixaria algo que prestasse... Qualquer coisa era lucro!", pensou, enquanto se dirigia até a sala do doutor Xavier.

# DE MAL COM A VIDA

Joaquim ficou no quarto o dia todo.

No final da tarde, Vicentino veio conversar com ele.

"Quem sabe um dedinho de prosa resolve! Quase todo mundo já tinha tentado... mas vá lá, não custava. É, era uma coisa complicada, mesmo. Quando morria um companheiro de quarto, desses que conviviam fazia tempo, era sempre um choque. Eles se apegavam uns aos outros. Brigavam, implicavam com o companheiro, pediam pra trocar de quarto, mas sempre voltavam."

— O senhor vai ao velório? Vai ser na Igreja Matriz, seu Joaquim. Ele tá bonito que só vendo. O Bernardão, da funerária Bom Jesus, disse que vai deixar ele com jeitão de novo. O senhor sabe, dar uma maquiada no pedaço, colocar uma camisa nova.

Nada de resposta.

— A família veio para os últimos arranjos. A filha dele

disse que queria dar uma palavrinha com o senhor — Vicentino continuou.

Nada, a não ser:

— Não quero falar com ninguém. Ele já morreu mesmo!

Vicentino achou melhor falar com o doutor Xavier.

— O acompanhante do seu Horácio, o que "abotoou o paletó de madeira..." — Vicentino começou.

— Mais respeito, seu Vicentino... — o médico exigiu.

— Desculpe, doutor. O seu Joaquim está descontrolado. Acho que ia bem uma injeção, um calmantezinho. Ele fica lá no quarto, andando pra cá e pra lá... — finalizou.

— Eu mesmo vou falar com ele — o doutor Xavier levantou-se da poltrona.

Joaquim não emitia nenhum som. Não chorava, não resmungava. Havia parado de dar voltas pelo quarto e sentara-se em sua poltrona, olhar perdido.

Doutor Xavier levantou-se, colocou o estetoscópio no bolso do avental e dirigiu-se até o quarto do homem.

Assim que entrou, tocou levemente no ombro de Joaquim e tentou confortá-lo:

— Joaquim, você não teve culpa de nada. Não se sinta culpado. Você tomaria algum relaxante, um calmantezinho? — ofereceu.

Nada.

Nem Maria, nem Binoca, Berenice, Felizberto e Ovídio (os vizinhos mais próximos), Euclides, o poeta da Mansão, e pelo menos mais uns quinze "exilados" conseguiram tirar Joaquim da poltrona. Nenhum deles lhe levantou o ânimo.

Joaquim permaneceu assim, apático, por umas três semanas.

Maria mexia com ele:

— Hoje vou fazer aeróbica com o senhor, topa?

Nem uma palavra. Sentado, quieto, olhando para o nada. Para o nada, não. Olhando para a cama de Horácio.

Salão de jogos. Joaquim, quieto, olhando para o nada.

Nem se incomodava mais com o comer de boca aberta do Felizberto, o cheiro de xixi na calça do Salomão, o devolver da carne de Mariinha em cima da toalha de mesa, a falta de prática em manejar a cadeira de rodas de Cacilda.

— Eu já o atropelei cinco vezes de propósito e ele nem reclama! Nem ao menos fala um daqueles palavrões cabeludos! — Cacilda contou ao doutor Xavier.

— Eu o chamei de velho mijão e ele nem retrucou! E olha, doutor, que nem isso ele é! Falei pra mexer com ele! — Zé Eustáquio foi contar ao plantonista.

— Dama? — um oferecia.

— Xadrez? — o outro perguntava.

— Vai ter um sarau lítero-musical hoje... — inventaram.

Joaquim não era mais o mesmo. Bom, numa única coisa ainda era. Seus olhos ainda tinham certo brilho quando Sabina trazia as cartas. Podia ser velho, mas quem é que disse que os velhos não são mais sensíveis?

Berenice resolveu conversar com o doutor Xavier.

— Doutor, desde que ele entrou, isso aqui teve mais graça. Ele sempre tem uma piada nova, cantarola, mexe com a gente, fala bobagens, é claro, é um velho meio safado, mas alguma coisa errada ele tem. Não é só a morte do amigo, não. Ele não recebe ninguém, só uma ou outra carta da filha que mora em outro país... O filho veio aqui poucas vezes. Eu sei que ele adora o neto. Tem um monte de fotos dele pelo quarto.

— Estamos tentando entrar em contato com a família, dona Berenice. A filha mora no exterior, o telefone não atende. O filho está em viagem de negócios e o neto... não sabemos onde encontrar. Vamos fazer novas tentativas, é claro. Mas a senhora precisa entender que às vezes as pessoas perdem a vontade de viver.

— Ele não. Sabe o que eu acho? Que ele deve ter algum segredo!

Doutor Xavier deu risada. Essas velhinhas tinham cada uma! O segredo era sempre parecido: famílias que não queriam ficar com seus idosos. Despachavam os coitados para um asilo, pagavam pelas despesas, os levavam ocasionalmente para um almoço em casa, Natal, Ano-Novo, aniversário e era só. Era a vida.

# QUERIDO AVÔ

Mais duas semanas.

Quando Sabina entrou anunciando as cartas, falou em alto e bom som:

— Carta para Joaquim Ribeiro Queirós... Quem é mesmo? — brincou.

Todos olharam para o Joaquim, sentado na sua poltrona habitual há várias semanas.

Nada.

— Bem, já que não há ninguém aqui com esse nome... — Sabina fez que dava meia-volta.

Joaquim levantou o braço.

Sabina sorriu e entregou-lhe a carta.

"Algo me diz que o velho vai ficar todo saidinho!", pensou.

Todos ali acharam que ele se levantaria e iria ler a carta no quarto, como a maioria fazia. Quando a notícia era ruim, aquela do tipo que ninguém queria ler: "Mamãe querida, desculpe não poder te buscar para passar o fim de semana com a gente, mas é que...", preferiam chorar sozinhos no quarto, sem constrangimento. Nas notícias alegres, voltavam felizes contando as novidades: um bisneto novo que nascera, um passeio diferente, uma visita de um neto, um batizado.

Joaquim abriu a carta e começou a ler:

*Querido avô,*

*Tudo bacana com você? Espero que sim!*

*Tenho boas e más notícias.*

*Tá preparado?*

*Papai se separou da mamãe. Você sabe, nunca deu certo mesmo. Achei melhor. Não aguentava todos aqueles gritos. Ele tirou umas férias e ela também, só que são definitivas, um do outro. Cada um vai pra um lado, claro. Ia até ser engraçado se eles se encontrassem... Já pensou que fria? Um fugindo do outro e de repente... Cara a cara!*

*Bom, vô, o pai vai deixar o apartamento pra mãe e já está até tentando arrumar outro canto pra morar. Disse que qualquer dia vai te visitar aí.*

*A boa: passei no vestibular, vô. Adivinha onde vou morar? Aí em Ismael. Não é o máximo? Vou poder te ver sempre que o pessoal daí deixar. Bom, se tivesse um cantinho no teu quarto (pode ser dentro do armário) pra que eu pudesse ficar, iria curtir muito. Assim não ia gastar muito com a república.*

*Você ainda tem aquele iPod que eu te dei no ano retrasado? Tomara!*

*No fim de semana que você tiver livre, vamos passear. Se você quiser conhecer o meu canto, pode. Entrei numa república montadinha. É legal porque assim eu não tenho que comprar fogão, geladeira, essas coisas. Se visse o meu quarto, ia estranhar. Bagunça doida, vô. Generalizada.*

*Ainda tenho aquela coleção de bonés que você foi me dando, lembra? Fica tudo pendurado na parede. É a maior bagunça. Do lado da minha cama só tem fotos nossas (meus amigos acham isso uma babaquice, mas eu não tô nem aí!).*

*Vô, estou começando a me organizar. Dá só um tempinho pra mim que eu logo apareço no teu pedaço.*

*Acho que em duas semanas estou instalado definitivamente (temos de comprar uma tevê de segunda-terceira-quarta mão e uma máquina de lavar roupas também usada).*

*Sabe que o papai me deu a sua cama? Se ela falasse, hein, vô?*

*Um abraço,*
*Gui*

Joaquim dobrou a carta e a enfiou no envelope.

"Esse menino era mesmo bom de nota." Só não sabia em que é que tinha passado. "Moleque sem-vergonha! Esqueceu de contar pro vô a faculdade!" Puxa, ia contar nos dedos os dias que faltavam para a sua chegada, lhe daria um abraço de urso, apertado até.

Olhou em volta.

"O que é que aquela gente toda estava fazendo ali, parada feito besta? Ninguém tinha mais o que fazer?"

— Ei, seus velhos decrépitos, estão ficando gagás? Nunca viram alguém receber cartas? É do meu neto, o Guilherme... Ele passou no vestibular. Vai morar aqui em Ismael. — Joaquim começou a pular num pé só.

O Joaquim, o velho e safado Joaquim estava de volta.

— Aposto que ele vai pegar no meu pé de novo só porque molho o pão no leite! — Berenice resmungou.

— E espalhar para toda a Mansão que eu como de boca aberta fazendo barulho! — Binoca reclamou.

— Antes assim! — as duas suspiraram, aliviadas.

— Ele que implique com a minha cadeira de rodas que eu atropelo ele pra valer! — Cacilda deu uma risadinha.

Joaquim, velho de guerra, sangue novo.

# SURPRESA, JOAQUIM!

A partir daquela carta, grandes mudanças. Maria achou que talvez precisasse até chamar o Corpo de Bombeiros para apagar o "fogo" do velho. Ele estava impossível. Mexia com ela, com as meninas da Mansão, roubava na escopa de quinze, descaradamente. Reclamava da comida, fazendo queixas até por escrito.

Foi num sábado.

Desses sábados, dia de visita, em que um ou outro filho, um familiar, um amigo, aparece para prosear ou para levar o parente para passear.

Joaquim estava no jardim, boné, agasalho de malha, tênis.

— Vô...

"Será que o avô tinha ficado surdo?", pensou.

— Vô Joaquim! Sou eu, o Gui... — ele chamou de novo, por trás do banco onde avistara o avô.

De repente, o jardim, as roseiras vermelhas, amarelas, a Mansão, a cidade de Ismael, o estado, o país, o mundo ouviu aquele grito de um avô cansado de esperar alguém.

— GUIIIIIIIIIIIIIIIIIIIIIIIIIII! É você mesmo? Desse tamanho? Seu pai veio? — Ele pulou do banco e agarrou o neto naquele abraço que tantas vezes imaginara.

— Não, vô. Ele está de mudança. Mandou um abraço e um dinheiro pra você comprar umas bobagens, sair com umas meninas... — o rapaz sorriu, sem jeito.

— Vem cá, vou te apresentar pra todo mundo.

E, enquanto andavam por aquele jardim, Joaquim ia apresentando o seu neto (ele era de verdade, não era como o neto de Mariinha que só existia na cabeça maluca dela).

— Esse é o Gui, o meu neto, filho do meu filho Afonso. O Afonso tem 40 anos, é diretor de uma grande empresa, vive viajando. A mãe é tradutora e intérprete, também vive viajando. Eu só tenho esse neto, a Antônia não tem filhos. A Antônia é cinco anos mais velha, né, Gui? Vocês sabem, ela mora em Atlanta, nos Estados Unidos. Dá aula de Literatura sul-americana. É uma figurona... — levantava o dedo em riste.

Berenice e Binoca cochichavam sem parar:

— Ih, agora ninguém segura esse Joaquim!

— Ainda bem, coitado. A gente sabe o que é ficar aqui sem receber visita, né Binoca?

Binoca suspirou fundo. Quantos dias mesmo sem que sua filha sequer telefonasse?

— Telegrama para o senhor, seu Joaquim — Maria avisou sorrindo, assim que avô e neto entraram no saguão.

Joaquim tremeu. Notícia ruim para estragar o dia? Estava indo tão bem! Abriu:

> *Pai, estou com saudades. Mês que vem, seu aniversário de 82 anos, estaremos aí. Levarei você para conhecer Atlanta passar dois meses conosco. Será nosso presente. Amamos você.*
>
> *Antônia e Jim*

Joaquim sentiu uma dor no peito.

— Vô, algo errado? — Gui estranhou a fisionomia do avô.

— Leia, veja se não virei um velho gagá...

Guilherme leu o telegrama.

— Puxa, vô, isso é o máximo!

Dessa vez, Maria estava decidida a chamar o Corpo de Bombeiros. Seu Joaquim estava impossível. Cantou, sapateou, contou piadas cabeludas, pintou os canecos.

Imagine se o telegrama não passou de mão em mão!

— Eta, velho de sorte! — Zé Eustáquio concluiu.

— Quem espera sempre alcança — Euclides praticamente declamou.

# VAI PASSAR, VÔ!

Guilherme tinha vindo de carro.

— É velho mas dá pra um passeio, vô. — Ele apontou para o carro estacionado perto do portão.

— Vamos lá no quarto pegar um agasalho. Não quero me resfriar. Vou ficar zero-bala para ir à Atlanta no mês que vem. Sabe que eu me sinto um adolescente, Guilherme? — Ele deu risada.

Guilherme acompanhou o avô até o quarto. No caminho, explicou que tinha entrado na faculdade de odontologia.

Joaquim riu.

— Que tal já ir acertando a minha dentadura?

Entraram no quarto.

— Você tem um companheiro, né, vô?

Pela primeira vez, Joaquim chorou. Sentou na sua cama e ficou apertando as mãos. Contou então ao neto o que tinha acontecido com seu amigo Horácio.

— Esse verdadeiro safado pediu demissão desse emprego de vida sem aviso prévio. Sabe, Gui... — ele fez uma pausa para tossir —, foi breve, rápido mesmo, mas doído. Pelo menos pra mim. Pra quem vou trazer biscoitos do café de agora em diante? Vão colocar algum chato aqui comigo! Filho, desde que a sua avó morreu (e olha que já tem tempo, não?, ficamos casados quarenta e oito anos), vim pra cá. Desde então dividimos esse quarto por quatro anos. Sabia o remédio que ele tomava, as músicas de que ele gostava, o nome dos filhos, da esposa, dos netos, o que faziam. A gente brigava um pouco... Sabe como é, fica parecendo marido e mulher... Saí pra tomar café, demorei pra voltar... E aí estava tudo acabado, filho — Joaquim finalizou.

— Vai passar, vô. Agora a gente vai se distrair, entra outro cara legal, você vai passar dois meses com a tia Antônia e o tio Jim...

— Seu pai...

— Meu pai não sei o que tem, vô. Bem que eu queria saber. Ele é meio... — Ficou na dúvida se completava a frase ou não. — ... estranho em relação ao senhor.

— Eu sei o que é, filho. Coisa antiga, custa a passar. — Joaquim encerrou o assunto e procurou arrumar suas coisas. Pegou a escova de dentes, a pasta, o agasalho, as vitaminas.

— Onde você vai me levar, filho? — Joaquim quis saber.

— Um passeio, vô. Sei lá, tomar sorvete, ver as meninas no shopping... — riu, enquanto olhava as fotografias que o avô cuidadosamente colara no armário.

— Puxa, vô, você ainda guarda essa aqui? — apontou para uma foto em que lutava judô aos cinco anos.

— E muitas outras. Tá vendo esse baú aqui? — apontou. — Guardo as fotos de seu pai e de sua tia bebês, os boletins deles, os primeiros desenhos que eles me deram de presente de Dia dos Pais.

Engraçado... O avô falava sem nenhum rancor. Por que o pai não vinha ver o avô? O que havia de errado entre os dois? Gostava do pai. Ele era meio fechadão, mas era um cara legal. Gostava do avô. O avô era falante, aberto, comunicativo. Por que os dois não se... não se... curtiam realmente?

Um pedido de saída para a Maria, autorização concedida, sorriso aberto da amiga e lá foram os dois para o mundo, ou melhor, para a vida, para a cidade.

— Cadê o boné, vô? — Guilherme quis saber.

— Tá aqui... — o avô tirou o boné do bolso do agasalho. — Tá pensando que saio sem ele? — e foi colocando o boné na cabeça, assim como o neto... ao contrário!

Entraram no carro do Guilherme. A Mansão Ismael ficara para trás.

# ALGO EM COMUM

Vinte minutos de estrada de terra ladeada por eucaliptos, uma paradinha num pequeno posto. O avô era apaixonado por goiabada cascão, coisa meio difícil de aparecer no cardápio da Mansão.

Depois de um xixi rapidinho, mais alguns minutos de estrada.

Conversas, lembranças, risos, piadas.

A cidade apareceu ao longe. Não era muito grande, mas de onde estavam já podiam avistar um ou outro prédio.

— Segunda parada, vô. O refúgio do guerreiro... — Guilherme finalmente chegara em sua casa.

— Não me diga que você mora nessa espelunca! — Joaquim adquiriu um ar mais sério, mas não conseguiu segurar o riso por muito tempo. A casa tinha sido pintada com todas as cores do mundo. Bem que teria sido divertido, nos seus tempos de estudante, ter morado num lugar assim...

— Moro com outros seis caras, vô! — Guilherme contou. — Quer entrar?

Claro que queria!

Os dois entraram na república.

— Que delícia de bagunça... — O avô se divertiu com as roupas espalhadas pelas camas, as cortinas improvisadas, todos os tipos de instrumentos musicais.

Seu Joaquim achou que o neto estava bem acomodado. Na verdade, não poderia estar melhor. Quis saber se o Afonso tinha vindo conferir as instalações do filho.

— Ele teve de ser o avalista, vô. E depois tem de pagar o aluguel pra mim, até que eu possa arrumar um bico.

Guilherme se arrependeu de ter contado que o pai estivera lá. Tão perto da Mansão e não visitara o velho. Percebeu uma sombra triste passar pelos olhos do avô, mas um largo sorriso e uma piada infame chutaram a tristeza pra longe.

— Um cinema? — sugeriu ao avô, dentro do carro.

— Bangue-bangue? — seu Joaquim quis saber.

— Um ótimo. Ganhou Oscar e tudo — Guilherme garantiu.

Seu Joaquim não conhecia aquele shopping.

— Não é do meu tempo.

— Em quatro anos muita coisa muda, vô.

— Podemos comer pipoca?

Pipoca, chocolate, balas.

Filme bom, risadas do avô, que gargalhava alto. Um "Ei, você, dá pra tirar o boné?". Mais risos.

Sorvete, pizza, café com chantilly.

— Vô, a gente tá fazendo tudo ao contrário!

— E não é bom? — ele ria, feito criança.

Sentados numa mesinha da última sorveteria do shopping, seu Joaquim perguntou ao neto:

— Namoradas... Quantas?

— Algumas. Ando meio indeciso.

— Puxou o avô, hein?

— Na indecisão?

— Não, no "muitas". — Ele riu, deixando cair sorvete em cima da calça.

— Vô, você está babando!

— É o que as "meninas" vão dizer de mim quando eu voltar!

— Semana que vem, vou te levar ao novo parque. É um parque ecológico, vô.

— Filho, eu não quero atrapalhar... Você tem suas namoradas, seu estudo...

— Domingo que vem, combinado?

— Fechado!

# JOAQUIM, GUILHERME E DANIELA

Guilherme levou o avô para a Mansão. Se sentiu feliz. O avô se sentia feliz. Daí a quinze dias, quando o pai voltasse do Rio, teria uma conversa séria com ele. Qual o problema entre ele e o velho? Por que não ia até o asilo? É, porque aquele lugar não passava de um asilo. Ia tirar tudo a limpo.

Joaquim se despediu do neto como um menino.

Entrou assobiando no saguão da Mansão, levando, de cara, um pito da Maria:

— Passando do horário, hein, safadinho? Tarde da noite! Madrugada! — ela apontou o relógio.

— As meninas não queriam que eu voltasse. Foi uma dificuldade! Amanhã começo minha aeróbica, senão, já viu... não dou conta!

Maria deu risada.

"Eta, velho assanhado. Se todos fossem assim como ele,

aquele asilo seria um hotel de veraneio, um lugar para turistas. Muito mais divertido!"

Dormiu como um anjo. Acordou assobiando, lavou o rosto, tomou banho, escovou os dentes, aparou o bigode, vestiu a roupa mais descombinada que encontrou. Era assim que se sentia. Descombinado com a idade. Não tinha 81 anos. Era gêmeo do neto: tinha 18. Talvez tivessem nascido no mesmo dia, mesmo mês, mesmo ano, e a Maria, que na época trabalhava na maternidade, tinha trocado as chapinhas de identificação. E foi aí que um nasceu neto e o outro, avô.

Regou as violetas e, antes que saísse para o café, deu de cara com...

— Vicentino!

— Bom dia, seu Joaquim. Este é o seu novo colega de quarto. O nome dele é Laudelino.

— Prazer. Meu nome é Joaquim, mas pode me chamar de Joaquinzão, falou? — esticou a mão para cumprimentar o novo colega de quarto.

— Hã? Quem? — o homem gritou, levando a mão em concha, ao ouvido.

— Precisa falar bem alto, seu Joaquim... — Vicentino foi ajeitando os pertences do homem. — Ele é praticamente surdo.

— Pronto. Só me faltava essa. Velho e surdo!

Vicentino deu risada. E ele pensava que era o quê? Um mocinho?

Enquanto Vicentino esgoelava no ouvido do seu Laudelino qual seria a sua cama, armário, as normas, horários de café e tudo o mais, o velhinho, olhos bem azuis, foi tratando de colocar em cima do seu criado-mudo — o que fora do Horácio — um vaso com uma pequena roseira.

— Que bonito! — Joaquim gritou no ouvido do companheiro.

— Tomara que dê certo... — Laudelino finalmente escutara Joaquim. — É um enxerto. Gosto de jardinagem!

— Que bom! Eu também! — Joaquim bateu palmas.

— Que bom mesmo! — Vicentino exclamou. — A Mansão já deve estar sabendo, tamanha gritaria nesse quarto!

A semana passou rápida.

Joaquim apresentou seu colega surdo mas nem um pouco mudo para todos os "exilados", como às vezes os chamava.

Aprendeu a fazer o enxerto de rosas com o Laudelino.

— Tô gostando desse cara! — comentou com Zé Eustáquio.

Mal pôde esperar pelo domingo. Que importava se o parceiro roncava como uma bateria da Portela, se tinha de gritar tão alto que ouvia "psiu" por onde passava com ele? Pouco se importava se as meninas comiam de boca aberta e tiravam a dentadura no meio do café da manhã... Teria um domingo inteiro com o neto!

Se importava, sim, com a ausência do filho... Mas fazer o quê? Tinha errado e não soubera perdir perdão ao caçula.

Guilherme chegou um pouco mais cedo.

Joaquim estivera espiando pela janelinha do portão por um bom tempo. Por alguns minutos tivera medo de que o neto não aparecesse, assim como tantos outros netos que davam calote nos seus amigos velhos de guerra.

Mas não. O neto chegara e ele sentira aquela sensação deliciosa de alívio, misturada à de alegria e à de segurança.

O avô, boné na cabeça, tênis no pé, levou o maior susto ao ver o neto acompanhado.

— Essa é a Daniela, vô. Ela queria conhecer você. Vamos levar você ao Parque... Parque das Águas, lembra?

— Como vai, seu Joaquim? — a garota já foi logo dando um beijo na bochecha do seu Joaquim.

— Bom gosto, meu filho, bom gosto... — o avô elogiou, entrando no carro.

— Vô, antes que eu me esqueça, meu pai pediu pra entregar isso pro senhor — Guilherme estendeu uma carta ao avô.

Seu Joaquim pegou a carta. Achou melhor não abrir. Leria no quarto, como todos os outros amigos. Se tivesse que chorar como um velho bobo, choraria sozinho, sem testemunhas.

— Pronto? — perguntou ao avô.

— Como? Ainda não saímos? — ele brincou, não sem antes dar tchau a todos os que os espreitavam, mortos de inveja.

"Coitados!", pensou. "Ninguém tem um neto como o meu!" Guilherme foi por um caminho novo que o avô não conhecia. Era praticamente um atalho.

— Trouxemos lanche para um piquenique, vovô — Daniela sorriu.

Seu Joaquim gostou de ser chamado assim.

# UM POUCO DE MELANCOLIA

Tiveram uma manhã deliciosa.

O avô contou histórias, andou, foi fotografado abraçado àquela que, pelo gosto dele, seria sua neta um dia. Viu um lago, pontes, passeou de pedalinho.

— Filho — perguntou ao neto —, é impressão ou estamos perto do cemitério?

— Uns quinze minutos, vô.

— Vocês se importariam...

— Já sei. Quer matar a saudade, né?

— Hum, hum. E se não for abusar, meu filho, queria comprar umas flores antes.

— Tá certo, vô.

Daniela pediu que, antes, a deixassem em casa. Ela morava numa cidadezinha chamada Colina, bem antes de Ismael. Preferia que aquele momento de intimidade fosse do avô e do namorado.

Entraram no carro.

Os três estavam em silêncio.

Em alguns minutos, Guilherme deixou Daniela na porta de casa.

Mais alguns quilômetros e pararam em frente ao cemitério.

Desceram.

Seu Joaquim dirigiu-se à barraca de flores. Comprou duas dúzias de rosas.

Entraram no cemitério.

Guilherme não lembrava bem onde ficava o túmulo da avó.

O avô foi à frente, parando aqui e ali, fazendo alguns comentários sobre amigos que já haviam partido.

Parou em frente ao túmulo da esposa.

— Eu gostava muito dela, filho. — Ele sentou-se na beiradinha do túmulo, alisando carinhosamente a lápide.

— Eu sei, vô.

Ficou ali um tempão. Enxugou uma lágrima com um lenço amarrotado que tirou do bolso. Antes de sair, colocou o ramalhete de rosas amarelas em cima da cruz de bronze.

— Vamos, filho. — Levantou-se, apoiando no braço do neto.

Andou e, mais adiante, parou à frente de outro túmulo. Este, mais simples, de cimento.

"Rosas para o amigo do vovô, coitado." O neto passou o braço pelas costas do avô, fazendo um carinho gostoso que só sentindo.

Seu Joaquim ajoelhou, e, tornando a tirar o lenço amarrotado de dentro do bolso, enxugou as muitas lágrimas que derramou a seguir.

Colocou o ramalhete de rosas vermelhas em cima do túmulo mais modesto.

Antes de se levantar, porém, disse ao neto:

— Fazer o quê? Gostei da Hilda também.

Guilherme levou o maior susto. Era esse o segredo, a mágoa do pai, então?

De repente, vendo o avô encolhido, sentado ali naquele túmulo de alguém que nem conhecera, ficou triste. Triste pelo avô, triste pelo pai.

Voltaram para a Mansão em silêncio.

— Semana que vem, hein, vô? — resolveu nem tocar no assunto da "outra".

— Filho, semana que vem nós vamos ter uma festa-baile aqui. Pode ser na outra? — Joaquim lembrara-se dos preparativos da festa. Imagine se faltasse! As velhinhas o matariam, com certeza!

— Claro, vô! — o neto compreendeu.

— Aproveita e tira o próximo fim de semana para passear com a namorada. Gostei dela, viu? Ah, e se encontrar com seu pai, fala pra ele... Puxa, a gente vai ficando velho e duro... — ele disse, abrindo a porta do carro.

— Falo o quê, vô?

— Que eu amo muito ele. Ele, você e sua tia. E tchau que estou ficando muito melancólico. — Joaquim sentiu-se um velho ridículo.

Guilherme deu a partida no carro e buzinou antes que o avô abrisse o portão da Mansão. Não podia estragar a surpresa. O avô leria a carta. Seu pai, finalmente, viria buscar o avô. Havia alugado um apartamentozinho em Pontal do

Paraíso, a uns oitenta quilômetros dali. Tinha decidido que o pai iria morar com ele, apesar dos pesares.

Só agora ficara sabendo da verdade.

"Isso explicava tanta coisa, tanta fala pela metade!", Guilherme franziu a testa. "Pra que tanto ressentimento? Talvez o avô aceitasse, talvez não. Mas ficaria contente ao saber que não havia mais mágoas. Tudo seriam flores, não importava se amarelas, vermelhas, cor-de-rosa, brancas." Acelerou.

Joaquim passou pelo saguão.

— Feliz, seu Joaquim? Vai pras Europa, hein? — Maria gargalhou.

— Estados Unidos, sua boba — ele respondeu, apertando a sua bochecha.

— Eta, velho arretado!

— Eta, moça bonita que só vendo pra acreditar! — piscou, dando risada.

Joaquim entrou no quarto. Que sorte! Seu amigo surdo não estava lá. Não que detestasse o cidadão, mas perdia um pouco o que sobrara da sua paciência ao repetir inúmeras vezes a mesma coisa.

"A idade era um osso duro de roer... ou uma sopa dura de engolir!", pensou, ao deitar na cama.

Abriu a carta do filho devagarinho. Enquanto lia, foi sentindo o coração aumentar de tamanho. Teve vontade de gargalhar, mas tudo o que fez foi dar um sorriso gostoso.

Leu mais de dez vezes aquela carta e, sentindo um carinho imenso pelo filho, foi apertando, apertando aquele papel até não poder mais. Tirou da gaveta do criado-mudo o telegrama da filha e juntou com a carta. Estariam todos juntos, afinal.

# VERMELHAS E AMARELAS

Hora do jantar.

Laudelino reclamou da canja.

— Canja sem graça! Sou surdo, mas tenho paladar, ouviram?

Vicentino veio ver o que estava acontecendo.

— Hoje é o senhor o reclamão, é? O seu Joaquim tá fazendo escola. Por sinal, cadê ele? — gritou no ouvido do seu Laudelino.

— Tá ficando surdo como eu. Chamei e ele não respondeu... — E continuou a tomar a canja.

Vicentino foi até o quarto.

Joaquim estava lá, sim. Deitado na cama, sorriso nos lábios, dois papéis por entre as mãos entrelaçadas, sobre o peito, olhos fechados por uma eternidade.

No vaso, o enxerto que aprendera com Laudelino: na pequena roseira, duas minúsculas florzinhas — mistas de vermelho e amarelo — floresciam.

*Esta obra é uma homenagem aos familiares, aos profissionais e aos voluntários que amparam a vida dos moradores de asilos.*

# SOBRE A AUTORA

**TELMA GUIMARÃES**

Nasci em Marília, São Paulo, mas resido em Campinas. Sou licenciada em Letras Vernáculas e Inglês pela Unesp. Lecionei inglês em Campinas, São Paulo, até 1995. Fui cronista do jornal *Correio Popular* e também assessora cultural na Delegacia Regional de Cultura de Campinas.

Meus primeiros livros infantis saíram em agosto de 1988. Em 1989, recebi da APCA o título de Melhor Autora em Literatura Infantil, com o livro *Mago Bitu Fadolento*, lançado pela Loyola.

Já publiquei mais de 170 títulos, entre infantis e juvenis, em português e em inglês, por várias editoras.

Atualmente dedico-me somente aos livros, participando de sessões de autógrafos pelo país e de oficinas literárias para professores de português e inglês do Ensino Fundamental e para alunos.

www.telma.com.br
telma@telma.com.br

# SOBRE A COLEÇÃO

As histórias da coleção **Looping** despertam a reflexão dos leitores e permanecem na imaginação, com um visual cativante e original. Em cada título, o jovem descobre que, apesar de o mundo às vezes ficar de cabeça para baixo, há sempre uma aventura a ser encarada e uma descoberta a ser feita. A vida dá voltas, mas segue adiante.

www.ingramcontent.com/pod-product-compliance
Ingram Content Group UK Ltd.
Pitfield, Milton Keynes, MK11 3LW, UK
UKHW051242300826
14795UKWH00020BA/576

9 788596 020053